Yoshlarni ijtimoiy pedagogik qo'llab quvvatlash tizimi

(Social pedagogical support system for young people)

Xusanova Nargiza Farxod qizi

© Xusanova Nargiza Farxod qizi
Yoshlarni ijtimoiy pedagogik qo'llab quvvatlash tizimi
by: Xusanova Nargiza Farxod qizi
Edition: August '2024
Publisher:
Taemeer Publications LLC (Michigan, USA / Hyderabad, India)

© **Xusanova Nargiza Farxod qizi**

Book	:	Yoshlarni ijtimoiy pedagogik qo'llab quvvatlash tizimi
Author	:	Xusanova Nargiza Farxod qizi
Publisher	:	Taemeer Publications
Year	:	'2024
Pages	:	52
Title Design	:	*Taemeer Web Design*

MUNDARIJA:

KIRISH..........................13

I BOB Yoshlar bilan ishlashda ijtimoiy-pedagogik innovatika va tartibga solish faoliyati.

1.1 YOSHLAR QANDAY QOʻLLAB-QUVVATLANADI...........

1.2 HOZIRGI KUNDA YURTIMIZ YOSHLARIGA BERILAYOTGAN IMKONIYATLAR HAMDA ULARNI QOʻLLAB-QUVVATLASHDA YOSHLARGA OID DAVLAT SIYOSATINING KENG KOʻLAMLI ISLOHOTLARI ......

1.3 Yoshlar siyosatiga oid normativ-huquqiy ...

II BOB

2.1."Yoshlar haqida" Qonuniyatlar........

2.2."Yoshlar oid davlat siyosati to`g`risidagi"…

II Bob bo'yicha xulosa……

XULOSA...............

ADABIYOTLAR RO'YXATI........

FOYDALANILGAN INTERNET SAYTLARI…

GLOSSARIY...............

KIRISH

Mavzuning dolzarbligi: Ma'lumki, har qanday davlat va jamiyatning istiqbolli sivilizatsiyasi uning ta'lim-tarbiya maqomiga, yangicha ta'lim tizimi tarkibi va mazmuni, teran ma'rifimadaniyatiga bog'liq. Zotan, yuksak ta'lim-tarbiya darajasiga jamiyatning,davlat va millatning kelajagini ta'minlagan, jahondagi nufuzini to'laganyagona omil. Zero, yurtning porloq istiqbolini, uning nominikeng yoyish, yurtni hududlar qatoridan joy egallashini ta'minlash,yosh avlodni kadrlar, malakali yet malakali qilib tarbiyalashga bog'liqdir.O'zbekiston Respublikasining yangi taxrirdagi Konstitutsiyasining "Inson qadriuchun" g'oyasini hozirgi rivojlanishning bosh tajribasi bo'lgan "Inson-jamiyat davlat" degan chuqur joyni konstitutsiyaning mazmun-mohiyatigasingdirilganligi muhim ahamiyat kasb etishi bilan birga, ushbu ta'moyilO'zbekiston xalqining barcha qatlamlari uchun birdek taaluqlidir. Jumladan,O'zbekiston Respublikasining qonunchiligiga yoshlarga 14 yoshto'lgan va 30 yoshdan oshmagaan kirib, bugungi kunda O'zbekistondayoshlarning soni 9,6 milliondan oshmoqda, ya'ni rahbariyatining
30 %ga yaqinini tashkil etish. O'zbekiston Respublikasining yangi tahrirdagiKonstitutsiyasining78-79- quvvati yoshlarga oid alohida normalar bilanto'ldirildi. Unga: -davlat yoshlarning intellektual, ijodiy, jismoniy

vaaxloqiy yordam hamda imkoniyatlar uchun, hujjat ta'lim olishiga,sog' joy saqlashga, uy-joyga, ishga joylashishga, bandlik va dan olishlariniamalga oshirish uchun sharti belgilangan norma sifatida kiritildi. Yoshlarnihar tomonlama, uchun ularga tegishli, shart- kerakbilan birga, ularning yangi ijtimoiy sharoitlarda yashashlari uchun zarurbo'lgan ijtimoiy kompetentsiyalarni, ijtimoiy faollik sifatlarini rivojlantirishdapedagogika va psixologiyalarining fan yutuqlari, ushbu fanlarni o'qitishdagizamonaviy korxonalar muhim kasb etadi. Yoshlarda zamonaviyijtimoiy kompetentsiyani rivojlantirish pedagogika va psixologiya fanlarida o'zo'rniga ega bo'lgan bir qator metodologik tashqi ko'rinishni olish taqozoetadi. Ana shunday qilib belgilangan-tizimli narsa-faoliyatga yo' ishlov berilgan-shaxsga yo' amalga oshirilgan-aksiologik narsalarni keltirish mumkin.

Tizimliyoshlarda ijtimoiy kompetentsiyasini rivojlantirishni o'zarobir-biri bilan aloqador yaxlit tizim sifatida talqin qilinib, yoshlar shaxsiyida ijtimoiyta'lim bilan bog'liq yaxlit tasavvurlar shakllanadi.Faoliyatga yo'llagan holdayoshlarning jamiyat, ta'lim ehtiyojlarimahalla hayotida faol ishtirok etishini ta'minlash orqali ularda snogen fikrlash,mustaqil qaror qabul qilish, o'z huquqlaridan ko'chirish ko'rinishini amalga oshirishrivojlantirib borish bilan birga, egallagan bilimlarini real ijtimoiy faoliyatidaqo'llashga imkon.

Kurs ishi metodlari va metodologiyasi: .O'zbekistonda bugungi kunda barcha sohalarda inson, inson manfaatlari uchun xizmat qiladigan ulkan islohotlar olib borilmoqda. Xususan, ta'lim-tarbiya sohasida ham bir qancha islohotlar amalga oshirilmoqda.

Kurs ishi tuzilishi va hajmi: Kurs ishi 30 sahifadan iborat bo'lib uning tarkibiy qismiga Kirish qismi, asosiy qism, ikkita bob, xulosa, foydalanilgan adabiyotlar va saytlar ro'yxati, glossariy ilovadan iborat.

Mamlakatimizda yangi O'zbekistonni barpo etishdek ulug' maqsadga erishish yo'lida asosiy tayanchimiz bo'lgan azmu shijoatli yoshlarga e'tibor va g'amxo'rlik ko'rsatish, ularga barcha sohalarda o'z iqtidori va salohiyatini to'liq namoyon etishi uchun zarur sharoit va imkoniyatlar yaratib berish davlat siyosatining ustuvor yo'nalishi hisoblanadi.

Ayniqsa, umumiy o'rta, professional va oliy ta'lim muassasalarini tamomlab, mustaqil hayotga qadam qo'yayotgan yigit-qizlarni munosib ish va daromad manbai bilan ta'minlash, ularga zamonaviy kasb-hunarlar, IT-texnologiyalarni o'rgatish, tadbirkorlikka keng jalb etish, yoshlarning bo'sh vaqtini mazmunli tashkil etishga qaratilgan keng qamrovli chora-tadbirlar amalga oshirilmoqda.

Birgina 2021 yilning o'tgan davrida yoshlar bilan ishlashning mutlaqo yangi tizimi hisoblangan **"Yoshlar daftari"** va **"Yoshlar dasturlari"** asosida **430 ming** nafar yigit qizning hayotiy muammolarini hal etish uchun **300 milliard** so'm mablag' yo'naltirilgani, **92 ming** nafardan ziyod yoshlarning tadbirkorlik loyihalari uchun **2,3 trillion** so'm imtiyozli kreditlar, qishloq joylarda yashayotgan **230 ming**дан ortiq yoshlarga dehqonchilik bilan shug'ullanishi uchun **61 ming** gektar yer maydoni ajratilgani bu boradagi ishlarning ko'lami tobora kengayib borayotganini ko'rsatadi.

Joriy yil 30 iyun kuni bo'lib o'tgan **O'zbekiston yoshlari va talabalari форуми**да ilgari surilgan yangi tashabbus va g'oyalarni amalga oshirish hamda **"Yoshlarni qo'llab-quvvatlash va aholi salomatligini mustahkamlash yili"** Davlat dasturida belgilangan vazifalar ijrosini so'zsiz ta'minlash maqsadida:

1. **2021 yil avgust oyida** "Temir daftar"ga kiritilgan oilalarning **18 yoshgacha bo'lgan har bir farzandi uchun** Davlat byudjeti mablag'lari

hisobidan **500 ming so'm miqdorida bir martalik moddiy yordam ko'rsatilsin**. Qoraqalpog'iston Respublikasi Vazirlar Kengashi Raisi, viloyatlar, Toshkent shahar, tuman (shahar) hokimlari, sektor rahbarlari hamda Mahalla va oilani qo'llab-quvvatlash vazirligining hududiy bo'linmalari rahbarlari – "Temir daftar"ga kiritilgan oilalarning 18 yoshgacha bo'lgan farzandlari sonidan kelib chiqib, to'lov vedomostlari shakllantirilishi hamda tuman (shahar) mahalla va oilani qo'llab-quvvatlash bo'limlari orqali ularga moddiy yordam pullarining o'z vaqtida va manzilli yetkazilishini ta'minlasin.

2. Shunday tartib o'rnatilsinki, unga ko'ra:
"Temir daftar"ga kiritilgan oilalarning davlat oliy ta'lim muassasalarida ta'lim olayotgan farzandlariga 2021/2022 o'quv yilida birinchi o'quv yili uchun **to'lov-kontraktning to'liq summasi Davlat byudjeti mablag'lari hisobidan qoplab beriladi**;

"Temir daftar" va "Ayollar daftari"ga kiritilgan oilalar farzandlari hamda "Yoshlar daftari"ga kiritilgan yoshlarga yangi turmush qurayotganida o'z xonadonida **qo'shimcha uy-joy qurishi uchun 33 million so'mgacha garovsiz kredit**

ajratiladi;
yosh oilalarning ijtimoiy himoyasini kuchaytirish maqsadida ipoteka dasturi doirasida boshlang'ich badal va foiz to'lovlari bo'yicha qo'shimcha **2000 mingta yosh oilaga** uy-joy sotib olishi uchun **subsidiya ajratiladi.**

3. Belgilansinki, **2021 yil 1 sentyabrdan** boshlab respublikadagi oliy ta'lim muassasalarida to'lov-kontrakt asosida o'qiyotgan talabalar uchun **Markaziy bankning asosiy foiz stavkasi** miqdorida va o'qish muddati tugagandan keyin **yettinchi oydan boshlab 7 yil muddatda** qaytarish shartlari asosida ta'lim kreditlari beriladi.

Moliya vazirligi (T.A.Ishmetov) Markaziy bank (M.B. Nurmuratov) hamda Oliy va o'rta maxsus ta'lim vazirligi (A.X. Toshqulov) bilan birgalikda ikki hafta muddatda ta'lim kreditlarini berish tartibini nazarda tutuvchi normativ-huquqiy hujjat loyihasini kiritsin.

4. Moliya vazirligi (T.A. Ishmetov) **ikki oy muddatda**:
oliy va professional ta'lim muassasalarida o'qish uchun tijorat banklaridan olingan ta'lim kreditlarini qoplashga yo'naltirilgan jismoniy shaxslarning soliq solinadigan ish haqi va boshqa

daromadlariga **soliq imtiyozlari qo'llanishini**; yosh oila tomonidan olingan ipoteka kreditlarini va ular bo'yicha hisoblangan foizlarni er-xotin yoki ulardan birining yoshi belgilangan yoshdan oshguniga qadar har bir soliq davri davomida tegishli miqdorda qoplashga yo'naltirilgan ish haqi va boshqa daromadlari jismoniy shaxslardan olinadigan **daromad solig'idan ozod qilinishini** nazarda tutuvchi qonun loyihasini Vazirlar Mahkamasiga kiritsin.

5. Davlat organlari, tashkilot va muassasalarida faoliyat ko'rsatayotgan nufuzli xalqaro reyting tashkilotlarining yuqori **500 talik ro'yxatiga kiritilgan** xorijiy oliy ta'lim muassasalarini (bakalavriat, magistratura) tamomlagan yoki ularda ilmiy daraja (PhD va unga tenglashtirilgan boshqa ilmiy daraja) olgan **yosh mutaxassislarning lavozim maoshiga** Davlat byudjeti mablag'lari hisobidan 1-ilovaga muvofiq qo'shimcha **ustamalar to'lab borish** tartibi joriy etilsin.

Belgilansinki:

nufuzli xalqaro reyting tashkilotlarining yuqori **500 talik ro'yxatiga kiritilgan** xorijiy oliy ta'lim muassasalari ro'yxati Ta'lim sifatini nazorat qilish davlat inspeksiyasi tomonidan aniqlanadiva uning rasmiy veb-saytiga joylashtiriladi hamda ommaviy axborot vositalarida e'lon qilinadi;

Davlat xizmatini rivojlantirish agentligi tomonidan oylik ustamalar tatbiq etiladigan **ta'lim yo'nalishlari, tor mutaxassisliklar hamda davlat organlari, tashkilot va muassasalari ro'yxati shakllantiriladi**;

oylik ustamalar **2021 yil 1 oktyabrdan boshlab** Davlat xizmatini rivojlantirish agentligi, ish beruvchi va yosh mutaxassis bilan **3 yilgacha** bo'lgan muddatga tuzilgan **shartnoma asosida** yosh mutaxassisning lavozim maoshiga **qo'shimcha ravishda har oy to'lab boriladi.**

6. **2021 yil 1 sentyabrdan boshlab** Toshkent shahrida **Yoshlar biznes maktabi, 2022 yildan boshlab** barcha hududlarda uning filiallari tashkil etilsin.

Quyidagilar Yoshlar biznes maktabining asosiy vazifalari va faoliyat yo'nalishlari etib belgilansin:

mamlakatimiz va chet elning yetakchi tadbirkor va biznes yurituvchilarini jalb etgan holda, yoshlarga tadbirkorlik faoliyati davomida **yaxshi**

natijalarga erishish va biznes yuritishda **xavf-xatarlardan himoyalanish** usullarini oʻrgatish; tadbirkorlikka qiziqqan yoshlarni biznes va **tadbirkorlik koʻnikmalariga oʻqitish,** ularda zamonaviy biznes yuritish koʻnikmalarini shakllantirish, motivatsion biznes-seminarlar va treninglar tashkil etish.

Vazirlar Mahkamasi bir oy muddatda Yoshlar biznes maktabi faoliyatini tashkil etish toʻgʻrisida qaror qabul qilsin.

7. **2021 yil 1 oktyabrdan boshlab** yoshlarning **"Biznesga birinchi qadam" startap gʻoyalari** tanlovlarini tashkil etish hamda har bir tuman va shaharda kamida uch nafardan gʻolibga grantlar berish amaliyoti joriy etilsin.

Belgilansinki, eng yaxshi loyihalarning har biri uchun **bazaviy hisoblash miqdorining 200 baravarigacha** grant mablagʻlari beriladi va ular 2022-2023 yillarda Davlat byudjetidan **100 milliard soʻm** miqdorida qoʻshimcha ajratiladigan mablagʻlar doirasida amalga oshiriladi.

Iqtisodiy taraqqiyot va kambagʻallikni qisqartirish vazirligi (J.A.Kuchkarov), Innovatsion rivojlanish vazirligi (I.Yu. Abdurahmonov), Moliya vazirligi

(J.I. Abruyev), Yoshlar ishlari agentligi (A.Z. Sa'dullayev):
bir oy muddatda startap g'oyalari tanlovlarini ochiq va oshkora tashkil etish, loyihalarni baholash mezonlari va ularni amalga oshirishni muvofiqlashtirish tartibini tasdiqlasin;
Qoraqalpog'iston Respublikasi Vazirlar Kengashi Raisi, viloyatlar, Toshkent shahar, tuman (shahar) hokimlari bilan birgalikda startap g'oyalarning amalga oshirilishiga ko'maklashsin.

8. "O'zbekiston Respublikasi Tashqi iqtisodiy faoliyat milliy banki" AJga **yoshlarning yangi g'oyalar asosida ishlab chiqilgan innovatsion, startap va biznes loyihalarini moliyalashtirish vazifasi** yuklatilsin.

Tiklanish va taraqqiyot jamg'armasi "O'zbekiston Respublikasi Tashqi iqtisodiy faoliyat milliy banki" AJga ushbu bandda belgilangan vazifalarni amalga oshirish uchun **100 million AQSH dollari ekvivalenti miqdorida 7 yil muddatga 3 yil imtiyozli davrni o'z ichiga olgan holda, Markaziy bankning asosiy stavkasidan 4 foiz bandga past qilib beriladi.**

9. Xalq ta'limi vazirligi (Sh.X. Shermatov), Oliy va o'rta maxsus ta'lim vazirligi (A.X. Toshqulov) Ta'lim sifatini nazorat qilish davlat inspeksiyasi

(U.N. Tashkenbayev) bilan birgalikda **2021/2022 o'quv yilidan bosqichma-bosqich** umumiy o'rta va o'rta maxsus, professional va oliy ta'lim muassasalarida axborot texnologiyalari darslari Kembrij dasturi asosida o'tkazilishini hamda o'qituvchilarning ushbu dastur asosida qayta tayyorlanishini ta'minlasin.

Axborot texnologiyalari va kommunikatsiyalarini rivojlantirish vazirligi (Sh.M. Sadikov) **2021 yil yakuniga qadar** barcha umumiy o'rta ta'lim maktablarini yuqori tezlikdagi Internetga ulash ishlarini to'liq yakunlasin.

10. Shunday tartib o'rnatilsinki, unga muvofiq: yoshlar tomonidan ko'tarilgan taklif va tashabbuslar, muammo hamda masalalar yechimi yuzasidan **har yili O'zbekiston Respublikasi yoshlari kuni arafasida Hukumatning dasturi**, shuningdek, Qoraqalpog'iston Respublikasi Vazirlar Kengashi, viloyatlar va Toshkent shahar, tuman va shahar hokimliklarining

alohida **hududiy dasturlari** qabul qilinadi; mazkur dasturlar **yoshlarning bilim va kasb-hunar egallashi, ular uchun munosib ish va turmush sharoitini yaratish, bo'sh vaqtini mazmunli tashkil etish**ga qaratilgan **kompleks chora-tadbirlardan** iborat bo'ladi.

Yoshlar ishlari agentligi (A.Z.Sa'dullayev) Qoraqalpog'iston Respublikasi Vazirlar Kengashi, viloyatlar va Toshkent shahar hokimliklari bilan birgalikda **2022 yildan boshlab har yili 1 июн**ga qadar mazkur bandda ko'rsatilgan Hukumat dasturi loyihasini Vazirlar Mahkamasiga kiritsin, shuningdek, hududiy dasturlar qabul qilinishini tashkil qilsin.

11. Oliy Majlis Senatiga:

a) yoshlarga oid davlat siyosatini samarali amalga oshirish maqsadida:

mazkur qarorning 10-bandida belgilangan Hukumat va hududiy dasturlarni o'z vaqtida ishlab chiqilishi, tasdiqlanishi va to'liq amalga oshirilishi yuzasidan **ta'sirchan parlament nazoratini o'rnatish**, bu borada **xalq deputatlari Kengashlarining faoliyatini muvofiqlashtirish**;

yoshlarga oid davlat siyosatining hududlarda amalga oshirilishi bo'yicha **reyting tizimini joriy etish**;

faol va tashabbuskor yoshlar orasidan **yangi avlod zaxira kadrlarini shakllantirish;**

xalq deputatlari Kengashlarida **"Yoshlar parlamenti vakillari maktabi"**ni tashkil qilish;

b) Oliy Majlis Qonunchilik palatasi bilan

hamkorlikda:

yoshlarga oid davlat siyosatini amalga oshirishga mas'ul bo'lgan rahbarlarning Oliy Majlis palatalari va tegishli xalq deputatlari Kengashlariga **hisobot berib borish tartibini joriy etish**;

"Biz parlamentda yoshlarni qo'llab-quvvatlaymiz" tashabbusni amalga oshirish;

xalq deputatlari Kengashlari tavsiyasi asosida yosh, fidoyi, azmu shijoatli yoshlarni Oliy Majlisning **Qonunchilik palatasi deputatlari** va **Senati a'zolariga biriktirish** tavsiya etilsin.

12. Davlat xizmatini rivojlantirish agentligi (O.A. Xasanov) Oliy Majlis Senati tomonidan shakllantirilgan yangi avlod zaxira kadrlarini Milliy kadrlar zaxirasiga kiritsin hamda ularning rahbarlik lavozimlariga asosiy nomzod sifatida tavsiya etilishini ta'minlasin.

13. Belgilansinki, **2021 yil 1 sentyabrdan** boshlab hududlarda yoshlarni muntazam sport bilan shug'ullanishga jalb qilish maqsadida Olimpiya va Paralimpiya hamda Osiyo va Paraosiyo o'yinlari, jahon, Osiyo va respublika chempionatlarida oxirgi 5 yilda g'olib va sovrindor (1-3 o'rin) bo'lgan sportchi-trenerlarga,

shuningdek, olis va chekka hududlarda faoliyat yurituvchi sportchi-trenerlarga:

sport toʻgaraklarini tashkil etish uchun tuman va shaharlarda boʻsh turgan davlat mulki hisoblangan bino va inshootlar elektron savdolar oʻtkazmagan holda, ushbu obʼektga nisbatan belgilangan **eng kam ijara toʻlovi stavkasining 50 foizi miqdorida ijaraga beriladi**;

sport toʻgaraklarini tashkil etish uchun **sport inventarlari, buyumlari va jihozlarini xarid qilish uchun** byudjet mablagʻlari hisobidan subsidiyalar ajratiladi;

kamida **100 nafar yoshlarni** muntazam sport bilan shugʻullanishini tashkil etgan taqdirda mahalliy byudjet mablagʻlari hisobidan bazaviy hisoblash miqdorining **10 baravaridan** kam boʻlmagan miqdorda har oylik toʻlov joriy etiladi.

14. **2021 yil 1 oktyabrdan boshlab har yili** yoshlarga moʻljallangan badiiy asarlar mualliflarini ragʻbatlantirish maqsadida **"Bolalar va yoshlar uchun eng yaxshi kitob"** tanlovini tashkil etsin.

Belgilansinki, tanlovda gʻolib deb topilgan mualliflarga birinchi oʻrin uchun – **100 million soʻm**, ikkinchi oʻrin uchun – **75 million soʻm**, uchinchi oʻrin uchun – **50 million soʻm** mukofot

mablag'lari ajratiladi.
Moliya vazirligi (T.A.Ishmetov) mukofotlarni to'lash bilan bog'liq xarajatlarni 2021 yilda Yoshlar ishlari agentligiga ajratilgan mablag'lar hisobidan amalga oshirilishini hamda 2022 yildan boshlab Davlat byudjeti parametrlarida nazarda tutilishini ta'minlasin.

15. **O'zbekiston yoshlari va talabalari forumida yoshlarga oid davlat siyosati sohasida belgilab berilgan ustuvor vazifalar ijrosini ta'minlashga doir qo'shimcha chora-tadbirlar dasturi** 2-ilovaga muvofiq tasdiqlansin.

Vazirlik va idoralar rahbarlari, Qoraqalpog'iston Respublikasi Vazirlar Kengashi Raisi, viloyatlar va Toshkent shahar hokimlari chora-tadbirlar dasturida belgilangan vazifalarning o'z vaqtida, to'liq hajmda va sifatli bajarilishi uchun **shaxsan mas'ul ekanliklari ko'rsatib o'tilsin.**

16. Yoshlar ishlari agentligi (A.Z.Sa'dullayev) manfaatdor vazirlik va idoralar bilan birgalikda **ikki oy muddatda** qonunchilik hujjatlariga ushbu Farmondan kelib chiqadigan o'zgartirish va qo'shimchalar to'g'risida Vazirlar Mahkamasiga takliflar kiritsin.

17. Mazkur Farmon ijrosini samarali tashkil

etishga mas'ul va shaxsiy javobgar etib Bosh vazirning o'rinbosari **B.A. Musayev** hamda Yoshlar ishlari agentligi direktori **A.Z. Sa'dullayev** belgilansin.

Farmon ijrosini har chorakda muhokama qilib borish, ijro uchun mas'ul tashkilotlar faoliyatini muvofiqlashtirish va nazorat qilish O'zbekiston Respublikasi Bosh vaziri A.N.Aripov va O'zbekiston Respublikasi Prezidentining maslahatchisi A.A.Abduvaxitov zimmasiga yuklansin.

Amalga oshirilayotgan chora-tadbirlar natijadorligi to'g'risida **2021 yilning 31 dekabr kuniga qadar** O'zbekiston Respublikasi Prezidentiga axborot berilsin.

O'zbekiston Respublikasi Prezidenti Sh.MIRZIYOEV

Toshkent shahri,
2021 yil 13 iyun

I BOB
1.1 YOSHLAR QANDAY QO'LLAB-QUVVATLANADI

Prezident tomonidan 20.04.2021 yildagi «Yoshlarning tadbirkorlik faoliyatini qo'llab-quvvatlash va bandligiga ko'maklashish, ularni ijtimoiy himoya qilish hamda bo'sh vaqtini mazmunli tashkil etishga oid qo'shimcha chora-tadbirlar to'g'risida»gi Farmon **imzolandi.**

Hujjatga muvofiq belgilangan tartibga ko'ra:

a) 2021 yil 1 maydan boshlab:
- 1.01.2023 yilga qadar ish beruvchilarga (byudjet tashkilotlari, davlat korxonalari, ustav jamg'armasi (kapitali)da davlat ulushi 50% va undan ortiq bo'lgan yuridik shaxslar bundan mustasno) ular tomonidan 25 yoshdan oshmagan xodimlar uchun to'langan ijtimoiy soliq summasi Davlat byudjetidan to'liq qaytarib beriladi. Bunda ijtimoiy soliq summasi yosh xodimlar 6 oy davomida uzluksiz mehnat faoliyatini amalga oshirishi sharti bilan 7-oydan boshlab qaytariladi;

- «Yoshlar daftari»ga kiritilgan yoshlarga tadbirkorlik faoliyatini boshlash va oʻzini oʻzi band qilishga zarur boʻlgan asbob-uskunalar va mehnat qurollarini xarid qilish uchun BHMning 40 baravaridan koʻp boʻlmagan miqdorda «Yoshlar daftari»ga kiritilgan shaxslarni qoʻllab-quvvatlash jamgʻarmalari hisobidan subsidiya ajratiladi;
- «Yoshlar daftari»ga kiritilgan ishsiz yoshlarni ishga qabul qilgan tadbirkorlik subʼyektlariga davlat mulkini ijaraga olishda ijara toʻlovlari boʻyicha imtiyozlar taqdim etiladi;
- yotoqxona bilan qamrab olinmagan va oʻziga, shu jumladan, ota-onasi (qonuniy vakillari)ga tegishli boʻlmagan uyda ijara huquqi asosida yashaydigan davlat oliy taʼlim muassasalari talabalarining 60%iga ular tomonidan toʻlanadigan oylik ijara toʻlovining 50%i Davlat byudjeti hisobidan qoplab beriladi. Bunda ijara toʻlovining qoplab beriladigan qismi Toshkent shahrida – BHMning 1 baravari, qolgan hududlarda – BHMning 0,5 baravaridan oshmasligi lozim;

b) 2021 yil 1 iyundan boshlab:
- «Yoshlar daftari»ga kiritilgan tadbirkorlik

faoliyatini boshlash uchun bino va inshootlarni ijaraga olgan yosh tadbirkorlarga bir yillik ijara xarajatlarining 30%i, biroq BHMning 25 baravarigacha bo'lgan miqdori «Yoshlar daftari» jamg'armalari hisobidan kompensatsiya qilinadi;

- professional ta'lim tashkilotlarida tahsil olayotgan «Yoshlar daftari»ga kiritilgan yoshlarga ular ishlab-chiqarish yoki xizmat ko'rsatish korxonalarida amaliyot o'tagan vaqtida, biroq 6 oydan ko'p bo'lmagan muddatda professional ta'lim tashkilotlari tomonidan Davlat byudjeti mablag'lari hisobidan BHMning ikki baravari miqdorida har oylik subsidiya ajratiladi;
- AT «Xalq banki», AT «Aloqa bank» va «Mikrokreditbank» ATB tomonidan «Bir million dasturchi» loyihasi doirasida o'quv kurslarini muvaffaqiyatli tugatgan va sertifikat olgan yoshlarga kompyuter (shu jumladan, O'zbekistonda ishlab chiqarilmagan) xaridlari uchun BHMning 25 baravaridan ko'p bo'lmagan miqdorda iste'mol kreditlari ajratiladi. Bunda iste'mol kreditlari bo'yicha foiz to'lovlari Davlat byudjetidan Yoshlar ishlari agentligiga ajratilgan mablag'lar hisobidan kompensatsiya qilinadi;

- «Yoshlar daftari»ga kiritilgan yoshlarning xorijiy tillar va umumta'lim fanlari bo'yicha nodavlat ta'lim tashkilotlarida o'qish xarajatlarining 50%i, biroq umumiy hisobda BHMning 5 baravarigacha bo'lgan miqdori hamda ular bo'yicha milliy sertifikatlar olish uchun o'tkaziladigan imtihonlarni topshirish xarajatlari Yoshlar ishlari agentligiga Davlat byudjetidan ajratilgan mablag'lar hisobidan kompensatsiya qilinadi;
- xususiy korxona va tashkilotlarga ishga qabul qilingan hamda faoliyat boshlaganiga olti oydan oshmagan «Yoshlar daftari»ga kiritilgan yoshlarni qayta tayyorlov kurslarida o'qitish bilan bog'liq bo'lgan xarajatlarning BHMning 4 baravarigacha bo'lgan qismi mazkur xususiy korxona va tashkilotlarga Davlat byudjetidan Yoshlar ishlari agentligiga ajratilgan mablag'lar hisobidan kompensatsiya qilinadi;
- «Mehribonlik» uylari tarbiyalanuvchilari hamda «Yoshlar daftari»ga kiritilgan yoshlarning haydovchilik kurslarida o'qish xarajatlari BHMning 4 baravari miqdorigacha va safarbarlik chaqiruvi rezervi xizmati badali Davlat byudjetidan Yoshlar

ishlari agentligiga ajratilgan mablag'lar hisobidan qoplanadi.

Shuningdek 2021 yil 1 maydan boshlab:
- dehqon xo'jaligi faoliyati bilan shug'ullanayotgan yoshlarni sektor, klaster va fermer xo'jaliklari rahbarlari tomonidan patronajga olish tizimi joriy qilinadi;
- «Yoshlar daftari»ga kiritilgan dehqon xo'jaligi faoliyati bilan shug'ullanayotgan yoshlarga «Yoshlar daftari», «Temir daftar» hamda «Ayollar daftari» jamg'armalari hisobidan urug'liklar va ko'chatlarni xarid qilish uchun BHMning 8 baravari miqdorigacha subsidiya ajratiladi.

Belgilanishicha, davlat oliy ta'lim muassasalariga 10 tagacha mahalla fuqarolar yig'inlari biriktiriladi. Ushbu muassasalar rektorlari tomonidan:
- biriktirilgan mahalla fuqarolar yig'inlarida yashaydigan uyushmagan yoshlarning ma'naviy dunyoqarashini shakllantirish, shu jumladan ularni xorijiy tillar, kompyuter savodxonligi, sport, madaniyat va kitobxonlik to'garaklariga jalb qilish choralari ko'riladi;

- talabalar yotoqxonalarida, madaniyat markazlarida va mahalla fuqarolar yig'inlarida yoshlar bilan muntazam ravishda uchrashuvlar tashkil etish, ochiq davra suhbatlari va madaniy tadbirlar o'tkazish amaliyoti joriy qilinadi.

1.2 HOZIRGI KUNDA YURTIMIZ YOSHLARIGA BERILAYOTGAN IMKONIYATLAR HAMDA ULARNI QO'LLAB-QUVVATLASHDA YOSHLARGA OID DAVLAT SIYOSATINING KENG KO'LAMLI ISLOHOTLARI

1-iyun – Xalqaro bolalarni himoya qilish kuni arafasida "Yangi O'zbekiston yoshlari birlashaylik!" shiori ostida tashkil etilgan tadbirga Yangihayot tumanidagi "Yorqin hayot", "Navqiron", "Marhamat", "Mash'al" MFY yoshlari taklif etildi.

Tadbirda mahalla ahlining madaniy hordiq chiqarishi uchun sport musobaqalari tashkil etilib, san'atkorlar tomonidan turli kuy-qo'shiqlar kuylandi.

Xususan, kamondan o'q otish, arqon tortish, stol tennisi, bandminton, shaxmat, shashka va boshqa sport musobaqalarida nafaqat yoshlar, balki kattalar ham faol ishtirok etishdi.

Ijtimoiy pedagogik qo'llab-quvvatlash tizimi yoshlarga ularning ijtimoiy, psixologik va jismoniy rivojlanishlarini ta'minlash, ularning qadriyatlarini shakllantirish, ma'naviy-ma'rifatli insonlar sifatida o'zaro hamkorlik qilish, ijtimoiy masalalar bilan muloqot qilish va ularning jamiyatga foydali a'zolari bo'lishlari uchun tashkil etilgan tizimdir. Bu tizim orqali yoshlar o'z o'zlarini ifodalash, qabul qilish va muvofiqlashtirish, ijtimoiy jihatdan maslahatlashish va boshqa jamiyat a'zolari bilan hamkorlik qilishni o'rganishlari mumkin. Bu tizimda ijtimoiy pedagoglar, psixologlar, sport mutaxassislari va boshqa mutaxassislar ishtirok etishadi.

1.3 Yoshlar siyosatiga oid normativ-huquqiy hujjatlar o'zida yoshlar bilan bog'liq masalalarni tartibga soladigan qonunlar, qarorlar va hujjatlar keng qatorini o'z ichiga oladi. Quyidagi normativ-huquqiy hujjatlar yoshlar siyosatini belgilaydi:

1. "Yoshlar haqida" Qonuni: Bu qonun yoshlar

huquqlarini, himoyalashlarini, ta'lim tizimini va ularning qo'llab-quvvatlanishini belgilaydi.

2. Yoshlar siyosati strategiyasi: Davlat tomonidan yaratilgan yoshlar siyosati strategiyasi yoshlar uchun imkoniyatlar, rivojlanish yo'nalishlari va ularning integratsiyasini belgilaydi.

3. Yoshlar bilan ishlash bo'yicha qonunlar: Bu hujjatlar yoshlar va ular bilan ishlash bo'yicha qoidalar, ish tartibotlari va ularning qo'llab-quvvatlanishini ta'minlashga oid qonunlarni o'z ichiga oladi.

4. Ta'lim sohasiga oid qonunlar: Ta'lim tizimini, o'quv jarayonini va yoshlarning ta'lim olishi bo'yicha qonunlarni belgilaydi.

5. Yoshlar ijtimoiy himoyasi to'g'risida qonunlar: Ushbu hujjatlar yoshlar uchun ijtimoiy himoya va qo'llab-quvvatlanishni ta'minlashga oid qonunlarni o'z ichiga oladi.

6. Yoshlar ish bilan tanishish va karyera rivojlanishi bo'yicha qonunlar: Ish bilan tanishish imkoniyatlarini, staj olishni va karyera rivojlanishni belgilaydigan hujjatlar.

Bu hujjatlar yoshlar siyosatini belgilashda kritik ahamiyatga ega bo'lib, yoshlarga sodiqlik, rivojlanish va muvofiqlikni ta'minlashda asosiy asosdir.

II BOB

2.1.
Yurtimizdagi yoshlarimiz uchun berilayotgan imkoniyatlar va ularni qo'llab-quvvatlashda davlat siyosati keng ko'lamli islohotlarga asoslangan bo'lishi muhimdir. Quyidagi muhim nuqtalarni ko'rsatish mumkin:

1. Ta'lim va O'qitish sohasi: Yoshlarimiz uchun yaxshi ta'lim va o'qitish tizimini ta'minlash, ularning ma'naviy, intellektual va jismoniy rivojlanishlariga e'tibor berish kerak.

2. Sog'liqni saqlash: Davlatning yoshlarga oid siyosati sog'liqni saqlashga qaratilgan bo'lishi kerak. Sog'likni saqlash tadbirlari, sport va salomatlikning o'ziga xos ahamiyati bilan ta'minlanishi zarur.

3. Kasb-hunar ta'limi: Yoshlarimizga kasb-hunar o'rganish va rivojlanishlari uchun imkoniyatlar yaratish, ularning kasb-hunarlarini o'rganish va rivojlanishlarini ta'minlash muhimdir.

4. Ish bilan tanishish: Ish bilan tanishish va ish tajribasini olish imkoniyatlarini yaratish, yoshlarimizga ish bozorining talablari va tajribasi haqida ma'lumot berish.

5. Ijtimoiy qatnashish: Yoshlarimizni ijtimoiy qatnashishga chaqirish, ularning jamiyatda faol a'zo bo'lishlari uchun imkoniyatlar yaratish.

6. Ma'rifiy-ma'nviy tarbiya: Yoshlarimizga ma'rifiy-ma'nviy tarbiya berish, ularning etik qadriyatlarini shakllantirish va jamiyatda foydali a'zo bo'lishlari uchun ko'maklash.

Davlat siyosati bu sohalarda keng ko'lamli islohotlar qilishi yoshlarimizning mustaqil, samarali va jamiyatga foydali a'zolari sifatida rivojlanishiga yordam beradi.

Mazkur sohadagi faoliyatni tubdan takomillashtirish va yangi yuksak sifat bosqichiga ko'tarish hamda "Yoshlarga oid davlat siyosati to'g'risida"gi Qonunda belgilangan vazifalarning to'laqonli ijrosini tashkil etish maqsadida davlat hokimiyati va boshqaruvi organlari, nodavlat notijorat tashkilotlari va fuqarolik jamiyati boshqa institutlari tomonidan ushbu yo'nalishda samarali hamkorlikni amalga oshirilishi muhim ahamiyat kasb etadi. Shu o'rinda ta"kidlash joizki, hozirgi davr talabi va ehtiyojlaridan kelib chiqib, yurtimizda yoshlar muammosiga alohida e"tibor qaratildi, ularning manfaat va ehtiyojlarini ta"minlash uchun keng imkoniyatlar yaratishga kirishildi, ya"ni bevosita yoshlar masalalariga mas"ul davlat va jamoat tashkilotlardan vakillar tayinlanib, bu borada keng islohotlar qilindi. Jumladan, Qoraqalpog"iston Respublikasi Vazirlar Kengashi raisi, viloyatlar, Toshkent shahri, tumanlar va shaharlar hokimlarining yoshlar siyosati, ijtimoiy rivojlantirish va ma"naviy-ma"rifiy ishlar bo'yicha o'rinbosari, ta"lim muassasalarida yoshlar masalalariga mas"ul lavozimlari, shuningdek, 2022-yil 19-yanvardagi O'zbekiston Respublikasi Prezidentining "Mahallalarda yoshlar bilan ishlash tizimini tubdan takomillashtirish chora-tadbirlari to'g"risida"gi PQ-92-son 86 qarori bilan Respublika bo'yicha mahallalarga 9309 ta "Yoshlar yetakchisi" shtat birliklari joriy qilinishi va eng muhimi, davlat va jamoat tashkilotlari tomonidan tegishli qonunlarda nazarda tutilgan yoshlarimiz huquq va manfaatlarini oʻzaro hamkorlik asosida himoya qilinishi yaqqol soʻzimizning isbotidir. Oʻzbekiston Respublikasida yoshlarga oid davlat siyosati quyidagi qoidalarga asoslanadi: millati, irqi, tili, dini, ijtimoiy mavqei, jinsi, maʼlumoti va siyosiy eʼtiqodidan qatʼi nazar yoshlar toʻgʻrisida gʻamxoʻrlik qilish; yoshlarni huquqiy va ijtimoiy jihatdan himoya qilish; milliy, madaniy anʼanalarning avloddan-avlodga oʻtishi, avlodlarning maʼnaviy aloqasi; yoshlarning tashabbuslarini qoʻllab-quvvatlash, yoshlar Oʻzbekiston Respublikasi Konstitutsiyasi va qonunlari doirasida oʻz manfaatlarini amalga oshirish yoʻllarini erkin tanlab olishlariga kafolat berish; jamiyatni rivojlantirishga, ayniqsa respublika yoshlari hayotiga oid siyosat va dasturlarni ishlab chiqish hamda amalga oshirishda yoshlarning bevosita ishtirok etishi; huquq va burchlarning, erkinlik va fuqarolik masʼuliyatining birligini taʼminlash. Yoshlarga oid davlat siyosati yuqoridagi qoidalarga binoan oʻz mazmunini doimiy takomillashtirish, muntazam ravishda oʻz eʼtiborini jamiyat hayotining eng murakkab jihatlariga qaratish yo„nalishlarida keng rivojlantirilmoqda. O„zbekiston Respublikasida yosh avlodga qaratilgan davlat siyosatining bosh tamoyillari davrga hamohang tarzda takomillashib, o„z mazmunini boyitib hamda ichki sur‟atini namoyon etib bormoqda. Buning natijasida yoshlarga oid davlat siyosatining amalga oshirilishi sohasida O„zbekiston Respublikasida quyidagi vazifalar belgilandi: respublika hududida yoshlarga oid davlat siyosatining ijtimoiy-iqtisodiy, huquqiy va tashqiliy asoslarini belgilash; yoshlarni ijtimoiy jihatdan himoya qilish chora-tadbirlarini ishlab chiqish va ta‟minlash; yoshlarga oid davlat siyosati boshqaruv idoralarini tuzish; yoshlarga oid davlat siyosati sohasida Respublikada kompleks va aniq maqsadli dasturlarini ishlab chiqish hamda amalga oshirish; yoshlarga oid davlat siyosatini amalga oshirishga mo„ljallangan moliyaviy mablag„larni tasarruf etish; 87 respublika yoshlarining manfaatlarini O„zbekistonning xalqaro majburiyatlari doirasida ifodalash; respublika hududida yoshlarning va ular birlashmalarining ijtimoiy munosabatlarini huquqiy jihatdan tartibga solish; respublika yoshlarining, yoshlar jamoat uyushmalarining tashabbuslarini ijtimoiy-iqtisodiy, siyosiyhuquqiy va tashqiliy jihatdan qo"llab-quvvatlash; hamma huquq sub"ektlarining O"zbekiston Respublikasi qonunlarida yoshlarga nisbatan belgilab qo"yilgan majburiyatlariga rioya etishlarini nazorat qilish, O'zbekiston Respublikasida yoshlarga oid siyosatni shakllantirish hamda amalga oshirishning boshqa masalalari. Yuqorida belgilangan vazifalar asosida mamlakatda ta"lim sohasini bosqichma-bosqich, aniq maqsadga yo"naltirilgan holda isloh qilish bo"yicha uzoqni ko"zlagan dasturlar izchil amalga oshirib kelinmoqda. O`zbekistonni yoshlar mamlakati desak mubolag`a bo`lmaydi. O`zbekiston Respublikasining fuqarolarini 60 foizdan ortig`ini 30 yoshgacha bo`lgan yoshlar tashkil etadi. Bilamizki, davlatning poydevori yoshlar hisoblanadi. Yoshlarni birlashtirish asosiy vazifa hisoblanib buning uchun bir nechta tashkilotlar tuzilgan. Shuningdek mustaqillikka erishganimizdan buyon yoshlarga e"tibor kundan kunga kuchayib bormoqda. Xususan, O`zbekiston Respublikasi mustaqillikka erishgandan keyin mamlakat yoshlarini birlashtirish uchun "Yoshlar ittifoqi" tashkiloti tuzildi. Ushbu tashkilot yoshlarning huquq va manfaatlari himoya qilishga ularda ijod tuyg"ularini shakllantirish maqsadida o`z faoliyatini olib bordi. Biroq tashkilot yoshlarni o`z plenumi va konferensiya qarorlarini bajarishga safarbar qilishga urinishi, qarorlarda yoshlarning manfaatlari va ehtiyojlari to`la aks etmaganligi natijasida 1996- yil "Yoshlar ittifoqi" tashkiloti tugatilib, O`zbekiston Respublikasi yoshlarining "Kamolot" jamg`armasi tuzildi. Bu tashkilot yillar davomida o`z faoliyatini olib bordi.2001-yilda Toshkentda bo`lgan yoshlar qurultoyida o`zini o`zi boshqaradigan nodavlat notijorat tashkilot O`zbekiston Respublikasi "Kamolot" yoshlar ijtimoiy harakati tuzildi.Bu tashkilot 14 yoshdan 28 yoshgacha bo`lgan O`zbekiston fuqarolarini birlashtirgan holda ish olib bordi.32 Albatta, bu tashkilotlar iqtidorli yoshlarni aniqlashda ko`maklashdi,ularni iqtidorini namoyon qilishi uchun sharoit yaratib berdi va keng imkoniyatlarni taqdim etdi.

2.2.
"Yoshlarga oid davlat siyosati to`g`risidagi"

2016-yilda "Yoshlarga oid davlat siyosati to`g`risidagi"gi O`zbekiston Respublikasi qonuni qabul qilindi. Unga ko`ra, 30 yoshgacha bo`lgan barcha toifadagi shaxslar yoshlar ekanligi qayd etilgan. 88 2017-yil 30-iyun kuni O`zbekiston

Respublikasi Prezidenti Shavkat Mirziyoyev ishtirokida "Kamolot" Yoshlar ijtimoiy harakati qurultoyi bo`lib o`tdi. Bu qurultoyda "Kamolot" Yoshlar ijtimoiy harakati tugatilganligi va "O`zbekiston yoshlar ittifoqi" tashkil etilganligi e`lon qilindi. Hozir ham bu tashkilot o`z faoliyatini olib bormoqda. Bizning davlatimizda yoshlarga imkoniyat yildan yilga oshib bormoqda desak mubolag`a bo`lmaydi, chunonchi Qaysi tarmoq, qaysi yo`nalish bo`lmasin barcha sharoitlar mujassam. IT sohasini o`rganish, xorijiy tillar sohasini o`rganish bo`yichami, umuman olganda barcha tarmoqlarda imkoniytlar mavjud. Biz yoshlardan talab qilinadigan narsa, faqatgina, shu imkoniyatlardan oqilona foydalanish, kelajakda yurt ravnaqi uchun o`z hissamizni qo`shishimiz lozim. Yoshlarga e`tibor nafaqat bizning yurtimizda, balki jahonda ham muhim o`ringa ega. Taniqli siyosatchi, Parlamentlararo ittifoqning Bosh kotibi Martin Chungong rasmiy boshliq delegatsiya mamlakatimizga tashrif buyurganida, u kishi bir fikrni afsus bilan takidladi. Ya`ni sayyoramiz aholisining yarmidan ko`pini 30 yoshgacha bo`lgan insonlar tashkil etsada, butun dunyo bo`yicha yosh deputatlarning ulushi 2.6 foizga ham yetmas ekan. Oliy martabali mehmon

O`zbekistonda bu ko`rsatkich 6 foizdan oshganini yuqori baholadi. Bu – katta e`tirof, albatta. Biz g`oyat muhim yo`nalishdagi bu ishlarimizni davom ettirgan holda, Parlamentlararo ittifoq ko`magida "Biz parlamentda yoshlarni qo`llab-quvvatlaymiz!" degan ezgu tashabbusni amalga oshiramiz. Bugungi murakkab zamonda yoshlarni jismoniy va ma`naviy barkamol insonlar etib tarbiyalash biz uchun g`oyat muhim vazifa bo`lib qolmoqda. Davlatimizda faqatgina yigitlarga e`tibor qaratmasdan, yosh qizlarga ham imkoniyatlar yaratilmoqda. Yosh yigit-qizlarni qo`llab-quvvatlash maqsadida bir nechta sovrinlar tashkil qilingan.Ular misol qilib "Mard o`g`lon", "Zulfiya" nomidagi davlat mukofotlari keltirishimiz mumkin. 2017-yilga kelib 14 yoshdan 22 yoshgacha bo`lgan qizlardan iborat "Zulfiya" mukofoti sovrindorilarning soni 200 dan oshdi.34 Mana shunday rag`batlantirishlar yoshlarga katta shijoat bag`ishlaydi, ularning maqsadlari sari dadil qadam tashlashlariga ko`maklashadi. Yoshlarni Vatan ruhida tarbiyalashga ko`maklashadi. Albatta, biz yoshlar bu imkoniyatlardan oqilona foydalanishimiz, yurtimiz rivojlanishi uchun o`z hissamizni qo`shishimiz lozim. Zero, har bir inson tug`ildimi, shu yurti uchun, Vatanining ravnaqi uchun o`z hissasini qo`shishi lozim.Davlat siyosatida yoshlarga imkonyatlar keng, turli qonunlar yaratilgan va yaratilmoqda, hatto, yillarning 89 nomida ham yoshlar so`zi aks etmoqda. Yoshlarni o`z sohasi bo`yicha shug`ullanishi uchun davlatimiz keng ko`lamli ishlarni olib bormoqda. Besh tashabbus loyhalari ishlab chiqilib, ularni amalga oshirish nazorati olib borilmoqda. Yurtimizda yoshlarga oid siyosatni yanada amalga oshirish uchun seleksiya tizimini rivojlantirishni tavsiya etaman. Seleksiya tizimi bu lotincha saralash tanlash.ma`nolarida qo`llaniladi.35 Bu nima degani, shu O`zbekistonning eng chekka hududlarida qobilyatli yoshlarni tanlab olish, ularni o`z qobiliyati bo`yicha yo`naltirish, kerakli sharoitlarni yaratib berish. Masalan,bir qishloqda sport bo`yicha qobilyatli bola borligini o`sha maktabdagi yoshlar bilan ishlovchi bo`lim biladi, lekin bolaning sport bilan shug`illanishiga sharoitai yo`q va bu haqida darrov sport tashkilotlariga ma"lumot yekazishi lozim. Ular bu bolaning qobilyatini ko`rib, u bilan alohida shug`ullanadi, sharoitlar yaratib beradi va kelajakda musobaqalarda ishtirok etishi uchun zamin yaratiladi, shunda seleksiya tizimi ishga tushgan bo`ladi. Buni nafaqat sport sohasida balki, boshqa sohalarda ham shunday qilish lozim. Hozirgi kunda yoshlardan birgina talab, shu imkoniyatlardan oqilona foydalanish. Yoshlar siyosati jamiyatni rivojlantirish va ijtimoiy o'zgarishlarning muhim omili sifatida turli mexanizm, uslub va strategiyalarni ishlab chiqishni hamda izchil ravishda amaliyotga tadbiq etishni taqozo etadi. Davlatdagi ijtimoiy barqarorlik ko'p jihatdan yoshlarning barcha qatlamlariga yo'naltirilgan kuchli ijtimoiy himoyaga, ularning tashabbuslarini qo'llabquvvatlash hamda imkoniyatlarini yuzaga chiqarishda yetarli shart-sharoit yaratilganiga bog'liqdir. O'zbekiton - yoshlar mamlakati. Shu bois, yoshlar ta'lim-tarbiyasi va kamolotiga alohida e'tibor qaratiladi. eng avvalo, bu sohadagi ishlarni tashkil etishning huquqiy asoslari doimiy takomillashtirib borilmoqda. Jumladan, O'zbekiston Respublikasining «Yoshlarga oid davlat siyosatining asoslari to'g'risida"gi qonunda yoshlarni huquqiy va ijtimoiy muhofaza qilish, iste'dodini qo'llab- quvvatlash masalalari qamrab olingan. Shuningdek, yoshlarning bepul umumiy ta'lim olish huquqining kafolatlangani ham e'tiborga molikdir. Bugungi kunda mamlakatimizda iste'dodli yoshlarni qo'llab-quvvatlash maqsadida Prezident maktablari,

Temurbeklar maktabi, ijod va ixtisoslashtirilgan maktablarda yoshlarga berilayotgan zamonaviy ta'lim-tarbiya Yangi Renessansning mustahkam poydevori bo'lmoqda. Oliy ta'lim sohasidagi islohotlar va imkoniyatlar esa yigit-qizlarning malakali mutaxassis bo'lib hayotga kirib kelishida muhim omil bo'lmoqda. So'nggi yilllarda bu borada qator qo'llab- 90 quvvatlash, rag'batlantirishda, rahbar kadrlarning boshqaruv salohiyatini yuksaltirishda yangi tizimni shakllantirdi. Quvonarli tomoni shundaki, zamon talablari va ijtimoiy-iqtisodiy o'zgarishlar sharoitida bugungi yoshlarning talab va ehtiyojlarini o'rganib, yangidan- yangi imtiyoz va imkoniyatlar eshigi ochib berilmoqda. Yangi O'zbekistonda yoshlar siyosatini zamon talabidan kelib chiqib takomillashtirishda Prezidentimiz Shavkat MIrziyoevning tashabbuslarini alohida ta'kidlash lozim. Davlatimiz rahbarining yoshlar kamolotiga qarayotgan doimiy e'tibori, ayniqsa, ta'lim islohotlarida yaqqol ko'zga tashlanmoqda. Bu islohotlarning yutug'i esa yoshlarning davlat va qonunlarga ishonchini kuchaytirmoqda. Yana bir quvonarli xabar shundaki, ilm yo'lini tanlagan iqtidorli yoshlarimizni qo'llab-quvvatlash maqsadida keyingi yildan boshlab magistratura va doktorantura bosqichlari uchun Prezident stipendiyasi kvotasini ikki barobarga oshiriladi. Ishonchim komilki, bunday imkoniyat va imtiyozlar yosh avlodni ertamizning munosib davomchilari etib tarbiyalashda yorqin istiqbollarni ochadi.

II Bob bo'yicha xulosa

Dunyo aholisining qariyb **20** foizini yoshlar tashkil qiladi. O'zbekistonda esa bu ko'rsatkich **60** foizdan oshadi. Yoshlar xalqimiz, davlatimizning bebaho boyligi. Ular uchun barcha shart-sharoit yaratilgan, imkoniyatlar eshigi keng ochilgan. Davlatimiz rahbarining **2017 yil 5 iyuldagi «Yoshlarga oid davlat siyosati samaradorligini oshirish va O'zbekiston yoshlar ittifoqi faoliyatini qo'llab-quvvatlash to'g'risida»**gi farmoni bu boradagi ishlarni yangi bosqichga olib chiqdi.

Yoshlarga oid davlat siyosatining asosiy printsiplari

Yoshlarga oid davlat siyosatining asosiy printsiplari quyidagilardan iborat:

– ochiqlik va shaffoflik;

– yoshlarga oid davlat siyosatini ro'yobga chiqarishda yoshlarning ishtirok etishi;

– yoshlar tashabbuslarini qo'llab-quvvatlash va rag'batlantirish;

– ma'naviy, axloqiy va madaniy qadriyatlarning ustuvorligi;

– yoshlarning kamsitilishiga yo'l qo'yilmasligi.

Yoshlarga oid davlat siyosatining asosiy yo'nalishlari

Yoshlarga oid davlat siyosatining asosiy yo'nalishlari quyidagilardan iborat:

– yoshlarning huquqlari, erkinliklari va qonuniy manfaatlarini ta'minlash;

– yoshlarning hayoti va sog'lig'ini saqlash;

– yoshlarning ma'naviy, intellektual, jismoniy va axloqiy jihatdan kamol topishiga ko'maklashish;

– yoshlar uchun ochiq va sifatli ta'limni ta'minlash;

– yoshlarni ishga joylashtirish va ularning bandligi uchun shart-sharoitlar yaratish;

– yoshlarni vatanparvarlik, fuqarolik tuyg'usi, bag'rikenglik, qonunlarga, milliy va umuminsoniy qadriyatlarga hurmat ruhida, zararli ta'sirlar va oqimlarga qarshi tura oladigan, hayotga bo'lgan qat'iy

ishonch va qarashlarga ega qilib tarbiyalash;
– yoshlarni axloqiy negizlarni buzishga olib keladigan xatti-harakatlardan, terrorizm va diniy ekstremizm, separatizm, fundamentalizm, zo'ravonlik va shafqatsizlik g'oyalaridan himoya qilish;
– yoshlarning huquqiy ongi va huquqiy madaniyati darajasini yuksaltirish;
– iqtidorli va iste'dodli yoshlarni qo'llab-quvvatlash hamda rag'batlantirish;
– yoshlar tadbirkorligini rivojlantirish uchun shart-sharoitlar yaratish;
– yoshlarda sog'lom turmush tarziga intilishni shakllantirish, shuningdek yoshlarning bo'sh vaqtlarini mazmunli tashkil etish va yoshlar sportini ommaviy rivojlantirish uchun shart-sharoitlar yaratish;
– yosh oilalarni ma'naviy va moddiy jihatdan qo'llab-quvvatlash, ular uchun munosib uy-joy va ijtimoiy-maishiy sharoitlarni yaratish bo'yicha kompleks chora-tadbirlar tizimini amalga oshirish;
– yoshlarning huquqlari va erkinliklarini ro'yobga chiqarish sohasida faoliyatni amalga oshiruvchi xalqaro tashkilotlar bilan hamkorlikni rivojlantirish.

XULOSA

Yurtimizda yoshlarni har tomonlama qoʻllab-quvvatlash, ayniqsa, ijtimoiy himoyaga muhtoj, turmush sharoiti ogʻir, kam taʼminlangan oilalarning farzandlari, chin yetim va nogironligi boʻlgan yoshlarga manzilli koʻmaklashish boʻyicha mutlaqo yangicha tizim yaratildi.

Davlatimiz rahbari oʻtgan yili mamlakatimizda birinchi marta oʻtkazilgan Oʻzbekiston yoshlari forumida ishtirok etib, forum ishtirokchilariga: «Biz yurtimizda qanday islohotlarga qoʻl urmaylik, avvalo, siz kabi yoshlarga, sizlarning kuch-gʻayratingiz, azmu shijoatingizga suyanamiz. Barchangiz yaxshi bilasiz, bugun oʻz oldimizga ulkan marralar qoʻyganmiz. Ona Vatanimizda Uchinchi Renessans poydevorini yaratishga kirishdik. Biz oila, maktabgacha taʼlim, maktab va oliy taʼlimni hamda ilmiy-madaniy dargohlarni boʻlgʻusi Renessansning eng muhim boʻgʻinlari deb hisoblaymiz», deb taʼkidlagan edi.

Yurtimizda joriy etilgan "Temir daftar", "Yoshlar daftari" va "Ayollar daftari" bu borada amalga oshiriladigan ishlarni yangi bosqichga koʻtardi. Davlatimiz rahbarining 2021 yil 13 iyuldagi

"Yoshlarni har tomonlama qo'llab-quvvatlash va ularning ijtimoiy faolligini yanada oshirishga oid qo'shimcha chora-tadbirlar to'g'risida"gi farmoni hamda O'zbekiston Respublikasi Vazirlar Mahkamasining 2021 yil 28 apreldagi "Moddiy yordam va ko'makka muhtoj oilalarni, xotin-qizlar va yoshlarni ijtimoiy qo'llab-quvvatlash bo'yicha ko'shimcha chora-tadbirlar to'g'risida"gi qarori asosida mazkur yo'nalishdagi amaliy ishlar hayotga tatbiq etildi.

Ijtimoiy himoyaga muhtoj yoshlar qatoriga "Temir daftar"ga kiritilgan oilalarning professional va oliy ta'lim muassasalarida tahsil oluvchi o'n sakkiz yoshdan o'ttiz yoshgacha bo'lgan farzandlari ham kiritilib, ularning ta'lim olishi bo'yicha to'lov-kontrakt summasining bir qismini to'lab berish tartibi joriy etildi.

Shuningdek, "Yoshlarni qo'llab-quvvatlash va aholi salomatligini mustahkamlash yili"da 2021-2022 o'quv yili uchun "Temir daftar"ga kiritilgan oilalarning davlat oliy ta'lim muassasalarida ta'lim olayotgan farzandlariga davlat byudjeti mablag'lari hisobidan to'lov-shartnoma to'lovining to'liq summasi to'lab berilishi belgilandi.

Buxoro davlat pedagogika institutida qobiliyatli yoshlarni aniqlash, ularning bilim va iqtidorini munosib rag'batlantirish, bo'sh vaqtlarini mazmunli o'tkazish maqsadida respublika oliy ta'lim muassasalari orasida birinchilardan bo'lib Talabalar kengashi tashkil etilgan edi. 2019 yildan buyon faoliyat yuritib kelayotgan mazkur kengash keyingi yillarda "Tengdosh-tengdoshga" tamoyili asosida yoshlar muammolarini o'rganish va ularga yechim topish, kam ta'minlangan, yetim, boquvchisidan ayrilgan, ijtimoiy himoyaga muhtoj talabalarga yordam berish borasida ham yigit-qizlarning haqiqiy suyanchig'iga aylangan.

Ayniqsa, bunday yoshlarga institut tomonidan bazaviy stipendiya miqdorining 10 foizidan 50 foizigacha bo'lgan miqdorida stipendiyalariga qo'shimcha ustamalar berilib kelinayotganligi kelajak egalari hayotida katta qadamlardan biri bo'ldi. 2021-2024 o'quv yilida institutimizda ijtimoiy himoyaga muhtoj, turmush sharoiti og'ir, kam ta'minlangan oilalarning farzandlari, chin yetim va nogironligi bo'lgan yoshlardan 233 nafariga qo'shimcha stipendiyalar tayinlandi.

So'nggi yillarda talabalarni turar joy bilan qamrab olish, yangi talabalar turar joylarini qurish, rekonstruksiya qilish, jihozlash va ulardan foydalanishni tashkil etish eng muhim vazifalardan biriga aylanmoqda. Ayni kunlarda qurilish-obodonlashtirish ishlari uchun 3 milliard so'mdan ortiq mablag' ajratilgan va rekonstruksiya ishlari yakunlanishi hamda foydalanishga topshirilishi arafasida turgan institutning 600 o'rinlik talabalar turar joyiga ham birinchi navbatda "Temir daftar"ga kiritilgan ijtimoiy himoyaga muhtoj oilalarning farzandlari va xotin-qizlarni joylashtirish rejalashtirilgan.

Prezidentimiz Sh.Mirziyoyev raisligida yoshlar masalalariga bag'ishlanib o'tkazilgan videoselektor yig'ilishida mamlakatimizda 130 mingdan ortiq talaba ijarada yashayotgani, 2021 yil 1 maydan boshlab ijara to'lovining yarmi davlat byudjeti mablag'lari hisobidan to'lanishi ta'kidlanib, shu maqsadda davlat byudjetidan 100 milliard so'm miqdorida mablag' ajratilishini ma'lum qilgan edi. Bunda ayniqsa, yordamga muhtoj oilalar farzandlari, tengdoshlariga namuna bo'lgan, faol talabalarga alohida e'tibor qaratilishi belgilanib, bu borada institutda may-iyun oylarida 14 talabaning ijara to'lovi to'lab berildi. Bu ishlar 2021-2022 o'quv yilida ham davom ettirilib, talabalarga ijara to'lovlarini to'lash tartibi to'g'risida targ'ibot ishlari olib borilib, tegishli hujjatlarni to'plash ishlari davom etmoqdi.

Institutda mahallalardagi "Temir daftar", "Yoshlar daftari" va "Ayollar daftari"ga kiritilgan oilalarning farzandlari, uyushmagan yoshlarni ilm-fan va ta'lim, kitobxonlikka jalb qilish maqsadida tizimli ishlar yoʻlga qoʻyilgan. Shu yilning aprel oyidan boshlab institutda mazkur toifadagi yoshlar oʻrtasida intellektual turnirlar muntazam tashkil etib kelinmoqda. Aprel-may oylarida oʻtkazilgan birinchi bosqichida Buxoro shahridagi 20 tadan ortiq mahalladagi ijtimoiy himoyaga muhtoj oilalarning farzandlari ishtirok etib, eng yaxshi ishtirok etgan va yuqori natijalarga ega boʻlgan mahalla yoshlari institut tomonidan Xiva shahriga bepul sayohati tashkil etilgan edi. Bu boradagi ishlar bu yilgi oʻquv yilida ham davom etayotgan boʻlib, Prezidentimiz tomonidan ilgari surilgan besh muhim tashabbus asosida manzilli ishlar amalga oshirilmoqda.

Institutimiz tomonidan mamlakatimizda Uchinchi Renessans poydevorini yaratishga katta hissa qoʻshadigan, buyuk ajdodlarimizning munosib davomchilarini tarbiyalash, bunda ayniqsa, ijtimoiy himoyaga muhtoj, kam ta'minlangan, yetim, boquvchisidan ayrilgan yoshlarni har tomonlama qoʻllab-quvvatlashdek ezgu ishlar davom etadi.

Foydalanilgan adabiyotlar ro'yxati.

1. O'zbekiston Respublikasi Prezidenti Karimov I.A.ning "O'zbekiston Respublikasida yoshlarga oid davlat siyosatini amalga oshirishga qaratilgan choratadbirlari to"g"risida"gi PQ_2129 son qarori.-T.: 2014.

2. "O'zbekiston Respublikasida yoshlarga oid davlat siyosatining asoslari to"g"risida"gi Qonun. 1-modda

3. // O'zbekiston Respublikasi Oliy Kengashining Axborotnomasi // 1992 y., 2-son.

4. Mirahmedova U. Axborot asrida yoshlar dunyoqarashi: Nazariya va amaliyot mavzuidagi respublika ilmiy-amaliy anjumani materiallari to"plami.- Toshkent, 2010. 5. Ijtimoiy-madaniy shaxs sifatida mukammal va har tomonlama rivojlangan shaxs g'oyasi inson taraqqiyotidagi hodisa // Aziza Aripova, 2021. 91

6. "Yoshlarga oid davlat siyosatini amalga oshirish strategiyasi: mavjud vaziyat va rivojlantirish istiqbollari" mavzusidagi ilmiy-amaliy konferentsiyasi 2019 yil UO„K: 005

2. 7. O'zbekiston Respublikasida Yoshlarga oid davlat siyosatining tubdan isloh qilish va yangi bosqichga olib chiqish chora-tadbirlari to'g'risida PF-6017-son. – : 2020

8. Oʻzbekistonda Yoshlarga oid davlat siyosatini 2025-yilgacha rivojlantirish konsepsiyasini tasdiqlash toʻgʻrisida Vazirlar Mahkamasining qarori. – : 2021

9. Shavkat Mirziyoyev. Asarlar. "1-Jild. Milliy Taraqqiyot Yo'limizni Qatiyat Bilan Davom Ettirib, Yangi Bosqichga Ko'taramiz".

Foydalanilgan internet saytlari

- Davlat statistika qo'mitasi www.stat.uz
- Elektron kutubxona www.koobru.uz
- Buxoro davlat universiteti kutubxona sayt iwww.buxDu.uz
- psixologik tadqiqotlar ilmiy tadqiqotlar jurnali www.psystudy.ru/
- Psixologiya bo'yicha materiallar www.psychology-online.net
- Psixologik kutubxona: www.psychol-ok.ru/library.html
- Electron kutubxona www.ziyo.uz
- Elekton malumotlar sayti www.arxiv.uz
- Vikipediya malumotlar sayti www.wikipedia.uz
- Arxiv.uz www.arxiv.uz
- Cyberlinika www.cyberlinika.uz
- Huquqiy axborot portal http://huquqburch.uz
- O'zbekiston Respublikasi Qonun hujjatlari ma'lumotlari milliy bazasihttp://lex.uz

GLOSSARIY

Yoshlar, o'rtacha 18-30 yoshgacha to'g'ri keladigan odamlar deb tavsiflanadi. Yoshlar, jamoatning energiyasi va kuchli qismi bo'lib, ularga kelajakni shakllantirish va o'zaro hamkorlik qilish imkoniyati berilishi kerak.

Yoshlar hayotda o'zgarishlarga ochiq, o'rganishga ochiq, yangiliklarga qarashga ochiq bo'lgan davlatdir. Ularning o'zaro aloqalari, ijtimoiy tashkilotlarda faol ishtirok etishlari va yangi ideyalarni o'rnatishlari jamoatni rivojlantiradi.

Yoshlar siyosati, yoshlarga ta'lim, ish, ijtimoiy himoya va boshqa sohalarda muvaffaqiyatli bo'lishlari uchun kerak bo'lgan imkoniyatlarni ta'minlashga qaratilgan strategiyalar va qonunlar to'plamidir. Yoshlar siyosati yoshlarning qonuniy va ijtimoiy muhofazasini ta'minlash, ularning sohada ishtirok etishini rag'batlantirish va ularning o'z fikrlarini ifoda qilish va qo'llab-quvvatlash imkoniyatlarini berish bilan bog'liqdir.

Yoshlar, kelajak liderlari, iqtisodiy rivojlanishni

yanada oshirishda muhim ahamiyatga ega bo'lgan innovatsion ideyalarni va yaratuvchanlikni olib borishda muhim rol o'ynaydi. Yoshlar siyosati, ularning rivojlanishi, qiziqishlarini o'rganishlari va ularga qo'llab-quvvatlash orqali ularning potensiallarini aniqlash va rivojlantirishga yo'naltirilgan.

Yoshlar siyosati, yoshlarni qo'llab-quvvatlash, ularga imkoniyatlar berish va ularning o'z fikrlarini ifoda qilishga asoslangan holda kelajakni shakllantirishga doir strategik usullarni o'z ichiga oladi. Ushbu siyosat yoshlarga ta'lim, ish, ijtimoiy himoya va siyosiy ishtirok imkoniyatlari beradi va ularning ijtimoiy-texnikaviy rivojlanishiga yo'l ochadi. Ta'lim muassasasining pedagogika faoliyatini boshqarish -pedagogika jarayoni rejalashtirish ,tashkil etish ,rag'batlantirish ,natijalarni nazorat va tahlil qilishga aytiladi .
Ta'lim va tarbiya mazmuni -shaxsning aqliy va jismoniy qobiliyatini har tomonlama rivojlantirish ,dunyoqarashi, odobi, xulqi,ijtimoiy hayot va mehnatga tayyorlik darajasini shakllantirish jarayonining mohiyati

www.ingramcontent.com/pod-product-compliance
Lightning Source LLC
LaVergne TN
LVHW010436070526
838199LV00066B/6047